Le Hanno Dette ...
Volume 1

A cura di **Antonio Pittau**

Dedicato ai miei genitori
E soprattutto a mia madre
Che ha creduto in me
Sempre

※

Tutti pensano di cambiare il mondo, nessuno di cambiare se stesso.
(Lev Nikolaevič Tolstoj)

※

È dolce ciò che mi dici, ma più dolce ancora è il bacio che ho rubato alla tua bocca.
(Heinrich Heine)

※

Il vero signore è lento nel parlare e rapido nell'agire.
(Confucio)

※

Chi vuol esser ricco in un dì, è impiccato in un anno.
(Leonardo da Vinci)

※

Per essere veramente un grand'uomo, bisogna saper resistere anche al buon senso.
(Fedor Michajlovic Dostoevskij)

※

Si può bere troppo, ma non si beve mai abbastanza.
(Gotthold Ephraim Lessing)

❈

Ascolta soffice, in un soffio, la voce di chi t'ama fluttuerà nella notte, e nel tuo sonno, i nostri pensieri si congiungeranno.
(Edgar Allan Poe)

❈

Nessuno può essere libero se costretto ad essere simile agli altri.
(Oscar Wilde)

❈

Una leva messa nel posto giusto può sollevare il mondo.
(Archimede)

❈

Una parola può essere più preziosa di tutti i tesori della terra.
(Inayat Khan)

❈

I mulini degli dei macinano molto lentamente, ma macinano molto fine.
(Sesto Empirico)

❈

L'abbigliamento è l'espressione della società.
(Honoré de Balzac)

✳

Chi parla molto non è immune da falli, ecco
perché il prudente frena la lingua.
(Re Salomone)

✳

Le donne imparano con avidità e dimenticano
con facilità.
(Abate Ferdinando Galiani)

✳

Il buon nome vale più di grandi ricchezze; la
stima, più che l'oro e l'argento.
(Re Salomone)

✳

Chi vive senza follia non è così saggio come
crede.
(François de La Rochefoucauld)

✳

Tutti quelli come noi, siamo noi e tutti gli altri,
sono loro.
(Joseph Rudyard Kipling)

✳

Nel fare una profonda riverenza a qualcuno si
volta sempre le spalle a qualcun altro.
(Abate Ferdinando Galiani)

�֎

Se incontrerai qualcuno persuaso di saper tutto e di esser capace di far tutto non potrai sbagliare, costui è un imbecille!
(Confucio)

✻

Tu sei una poesia. Tu sei una sorta di ballata, dolce, semplice, gaia, commovente, che la natura canta.
(Sophia Hawthorne)

✻

La prima delle cose necessarie è quella di non spendere quello che non si ha.
(Massimo D'Azeglio)

✻

Per essere insostituibili bisogna essere diversi.
(Coco Chanel)

✻

Il mio cuore è cosi vicino al tuo, che col tuo e il mio si possono fare un sol cuore.
(William Shakespeare)

✻

Amate, amate, tutto il resto è nulla.
(Jean de La Fontaine)

❋

Chi non sa popolare la propria solitudine, nemmeno sa star solo in mezzo alla folla affaccendata.
(Charles Baudelaire)

❋

Negli affari non ci sono amici, solo soci.
(Alexandre Dumas padre)

❋

Non ascoltare i consigli di nessuno. E quindi, nemmeno i miei.
(André Gide)

❋

Non vorrei mai far parte di un club che accettasse tra i suoi soci uno come me.
(Groucho Marx)

❋

L'apprendere molte cose non insegna l'intelligenza.
(Eraclito)

❋

Non sai che ognuno di noi ha la pretesa di soffrire molto più degli altri?
(Honoré de Balzac)

※

La sottigliezza non abbandona mai gli uomini di spirito, specialmente quando sono nel torto.
(Johann Wolfgang von Goethe)

※

La buona educazione consiste nel nascondere quanto bene pensiamo di noi stessi e quanto male degli altri.
(Mark Twain)

※

La puntualità è la virtù di chi si annoia.
(André Breton)

※

Acquisisci nuove conoscenze mentre rifletti sulle vecchie, e forse potrai insegnare ad altri.
(Confucio)

※

Non bisogna contraddire una donna. Basta aspettare: lo farà da sola.
(Humphrey Bogart)

※

L'uomo perfetto è senza io, l'uomo ispirato è senza opera, l'uomo santo non lascia nome.
(Zhuangzi)

✻

La felicità è l'assenza della ricerca della felicità.
(Chuang Tzu)

✻

Alcuni sentono con le orecchie, altri con lo stomaco ed altri ancora con le tasche; ce ne sono poi altri che non sentono affatto.
(Kahlil Gibran)

✻

La lingua può impiccare l'uomo più velocemente di una corda.
(Charlie Chan)

✻

Che cosa non mi piace della morte? Forse l'ora.
(Woody Allen)

✻

Il segreto per andare d'accordo con le donne è avere torto.
(Achille Campanile)

✻

Come è nobile chi, col cuore triste, vuol cantare ugualmente un canto felice, tra cuori felici.
(Khalil Gibran)

❄

Quello che il bruco chiama la fine del mondo,
il maestro la chiama la nascita di una farfalla.
(Lao Tze)

❄

Si dice che l'appetito vien mangiando, ma in
realtà viene a star digiuni.
(Totò)

❄

Le uniche ricchezze che avrai per sempre
saranno quelle che hai donato.
(Marziale)

❄

C'è una sola cosa orribile al mondo, un solo
peccato imperdonabile: la noia.
(Oscar Wilde)

❄

L'unica cosa che ferma la caduta dei capelli...
è il pavimento!
(Robert Orben)

❄

La ragione non è nulla senza l'aiuto
dell'immaginazione.
(Renè Descartes)

✻

Da ogni germoglio nasce un albero con molte fronde. Ogni fortezza si erige con la posa della prima pietra. Ogni viaggio inizia con un solo passo.
(Lao Tze)

✻

A proposito di politica, ci sarebbe qualcosa da mangiare?
(Totò)

✻

Camminando, semplicemente cammina. Stando seduto, semplicemente siedi. Soprattutto, non tentennare.
(Yun-Men)

✻

Quando due amici si comprendono completamente, le parole sono soavi e forti come profumo di orchidee.
(Lao Tze)

✻

Allontanarsi dal mondo, restare sconosciuti e non avere rimpianti: a questo può arrivare solo l'uomo superiore.
(Confucio)

✳

Anche se sei abile, mostrati inabile; anche se sei capace mostrati incapace.
(Sun Tzu)

✳

Gli ultimi saranno i primi, ma lo sportello chiude alle 12.
(Corrado Guzzanti)

✳

Il vero signore è simile a un arciere: se manca il bersaglio, ne cerca causa in se stesso.
(Confucio)

✳

Chi vince gli altri è muscoloso, chi vince se stesso è forte.
(Lao Tze)

✳

Le cose che sappiamo meglio sono quelle che non abbiamo mai imparato.
(Luc de Vauvenargues)

✳

La psicanalisi è un mito tenuto in vita dall'industria dei divani.
(Woody Allen)

＊

L'amore è il grande agguato che la natura ha teso agli uomini per propagarne la specie.
(Arthur Schopenhauer)

＊

La saggezza è come un chiaro, fresco stagno, ci si può entrare da ogni parte.
(Nagarjuna)

＊

L'amore è il fiume della vita nel mondo.
(Henry Ward Beecher)

＊

Quando una donna insiste per l'uguaglianza tra i sessi, sta rinunciando alla propria superiorità.
(Anatole France)

＊

Una persona spesso finisce con l'assomigliare alla sua ombra.
(Joseph Rudyard Kipling)

＊

L'amore non possiede né vuole essere posseduto.
(Kahlil Gibran)

✳

Quando a scuola la maestra dava una punizione a Baggio, lui chiedeva sempre se era di prima o di seconda.
(Gene Gnocchi)

✳

Frenetiche notti! Se fossi accanto a te, queste notti sarebbero la nostra estasi!
(Emily Dickinson)

✳

Chi impara, ma non pensa è perduto. Chi pensa, ma non impara, è in pericolo.
(Confucio)

✳

Il cinismo è semplicemente l'arte di vedere le cose come sono, non quali dovrebbero essere.
(Oscar Wilde)

✳

Tutto il nostro sapere ha origine dalle nostre percezioni.
(Leonardo da Vinci)

✳

Senza musica, la vita sarebbe un errore.
(Friedrich Wilhelm Nietzsche)

＊

Se quelli che dicono male di me sapessero quel che penso di loro, direbbero peggio.
(Sacha Guitry)

＊

Conosci te stesso, poiché il più grande dei tesori è seppellito dentro di te.
(Helena Blavatsky)

＊

Un uomo privo d'istruzione è un mondo buio.
(Baltasar Graciàn)

＊

Le mogli dei politici fanno tutte beneficenza. Meno male! Hanno il senso di colpa per quello che rubano i mariti.
(Roberto Benigni)

＊

Lo zen non è una forma di svago, ma concentrazione sulla nostra quotidiana routine.
(Shunryu Suzuki)

＊

Coloro che vivono d'amore vivono d'eterno.
(Emile Verhaeren)

✻

Fatti non foste per viver come bruti, ma per seguir virtute e conoscenza.
(Dante Alighieri)

✻

I politici non mi riguardano: mi ha colpito il fatto che essi facciano una vita da cani senza le buone maniere di un cane.
(Joseph Rudyard Kipling)

✻

L'acqua troppo pura non ha pesci.
(Ts'ai Ken T'an)

✻

L'uomo preistorico non rideva mai. Si offendeva e basta.
(Maurizio Milani)

✻

Se capisci una cosa nella sua interezza, puoi capire ogni cosa.
(Shunryu Suzuki)

✻

Non aveva per nulla appetito, ma mangiava di tutto.
(George Lichtenberg)

✳

La fiducia nella bontà altrui è una notevole testimonianza della propria bontà.
(Michel de Montaigne)

✳

A parlare male degli altri si fa peccato, ma spesso si indovina.
(Giulio Andreotti)

✳

Nella vita come sul tram, quando ti siedi sei al capolinea.
(Camillo Sbarbaro)

✳

Ti amo! E quanto non ti amerò più sarà la fine del mondo.
(William Shakespeare)

✳

Le cose buone ci dispiacciono, quando non ne siamo all'altezza.
(Friedrich Wilhelm Nietzsche)

✳

Ho smesso di fumare: vivrò una settimana di più e in quella settimana pioverà a dirotto.
(Woody Allen)

✳

Come si può conoscere se stessi? Non mai attraverso la contemplazione, bensì attraverso l'azione.
(Johann Wolfgang von Goethe)

✳

Sappiamo più cose inutili di quante, necessarie, ne ignoriamo.
(Luc de Vauvenargues)

✳

L'uomo buono crede sempre alla bontà di coloro che gli sono vicini.
(William Shakespeare)

✳

Il progresso rende la vita più comoda, non più bella.
(Roberto Gervaso)

✳

La bellezza salverà il mondo.
(Fedor Michajlovic Dostoevskij)

✳

Rispondi in maniera intelligente anche a chi ti tratta stupidamente.
(Lao Tzu)

✳

Raro cade chi ben cammina.
(Leonardo da Vinci)

✳

Noi siamo resi felici o infelici, non dalle
circostanze della vita, ma dal nostro
atteggiamento verso di esse.
(Inayat Khan)

✳

Lasciare una donna amata è segno di fantasia
esaurita.
(Hugo von Hofmannsthal)

✳

Quanto più grande è il potere tanto più
pericoloso è l'abuso.
(Edmund Burice)

✳

Nell'amore non bisogna mai affrettare il
piacere.
(Ovidio)

✳

Nessuno vive perché lo vuole. Ma, una volta
che vive, lo deve volere.
(Ernest Bloch)

✳

I solitari leggono molto, ma parlano poco e poco sentono dire: per loro, la vita è misteriosa.
(Anton Cechov)

✳

Per dimagrire bisogna bruciare di più, molti suggeriscono la cyclette. Io l'ho comprata, l'ho pure bruciata, ma non sono dimagrito.
(Gabrielle Cirilli)

✳

Il massimo che posso fare per un amico è semplicemente essergli amico.
(Henry David Thoreau)

✳

L'amore è la poesia dei sensi.
(Honorè de Balzac)

✳

Conosci te stesso!
(Socrate)

✳

Non è quanto si possiede, ma quando si assapora a fare la felicità.
(Charles Spurgeon)

＊

È nella natura delle donne disprezzare chi le ama e amare chi le detesta.
(Miguel de Cervantes)

＊

Chi sbaglia la prima asola non si corregge abbottonandosi.
(Johann Wolfgang von Goethe)

＊

Faccio sempre ciò che non so fare, per imparare come va fatto.
(Vincent Van Gogh)

＊

Che cos'è l'avarizia? Un continuo vivere in miseria per paura della miseria.
(San Bernardo)

＊

I sogni si realizzano. Senza questa possibilità, la natura non c'inciterebbe a farne.
(John Updike)

＊

L'uomo è tanto più ricco quanto meno costano i suoi piaceri.
(Henry David Thoreau)

✻

Il vero sapiente è colui che sa di non sapere.
(Socrate)

✻

L'opinione è forse il solo cemento della società.
(Cesare Beccaria)

✻

Non c'è male peggiore del non sapersi
contentare, non c'è peccato più grande della
brama d'avere. Chi sa bastare a se stesso è
soddisfatto.
(Lao Tze)

✻

Intelligenza non è non commettere errori, ma
scoprire subito il modo di trarne profitto.
(Bertolt Brecht)

✻

Amare è meglio che essere amati. È molto più
sicuro.
(Sacha Guitry)

✻

Io ho lavorato molto. Chiunque si applicherà
tanto potrà fare quello che ho fatto.
(Johann Sebastian Bach)

✻

In vecchiaia ci si pente soprattutto dei peccati non commessi.
(William Somerset Maugham)

✻

Anche le super belle vengono tradite: insomma anche una top model può essere cornuta.
(Cindy Crawford)

✻

Tutto ciò che è profondo ama la maschera.
(Friedrich Wilhelm Nietzsche)

✻

L'uomo che non ha una buona memoria non dovrebbe mai azzardarsi a mentire.
(Marco Aurelio)

✻

Un uomo deve subire molti castighi per scrivere un libro veramente divertente.
(Ernest Hemingway)

✻

L'imitazione è la più sincera forma di adulazione.
(Charles Caleb Colton)

※

L'uomo è dove è il suo cuore, non dove è il suo corpo.
(Mahatma Gandhi)

※

Come è gentile per essere una parente: sembra un'estranea!
(Totò)

※

Spesso le grandi imprese nascono da piccole opportunità.
(Demostene)

※

La fede è come l'amore: non si può ottenerla con la forza.
(Arthur Schopenhauer)

※

Ascolta la donna quando ti guarda, non quando ti parla.
(Kahlil Gibran)

※

L'uomo è la sola creatura che si rifiuta di essere quello che è.
(Albert Camus)

✻

Le sconfitte non hanno grande importanza
nella vita; la più grande disgrazia è quella di
restare fermi.
(Inayat Khan)

✻

L'appetito rende saporite tutte le vivande.
(Paolo Mantegazza)

✻

Chi non bada a ciò che mangia difficilmente
baderà a qualsiasi altra cosa.
(Samuel Johnson)

✻

Un'infarinatura di tutto è di nulla un'esatta
conoscenza.
(Charles Dickens)

✻

Agire secondo giustizia. Sorprenderete alcuni
e stupirete tutti gli altri.
(Mark Twain)

✻

I giovani hanno più bisogno di esempi che di
critiche.
(Joseph Joubert)

✻

I vecchi sono come i mobili antichi, meno li sposti e più durano.
(Enzo Anselmo Ferrari)

✻

Ho il corpo di un diciottenne. Lo tengo in frigo.
(Spike Milligan)

✻

Un'amante cessa di essere tale quando comincia a stirarci le camice.
(Roberto Gervaso)

✻

Io sono contro i rapporti prematrimoniali. Fanno arrivare tardi in chiesa.
(Woody Allen)

✻

Non c'è virtù che possa essere al sicuro dalla tentazione.
(Immanuel Kant)

✻

Le donne, come i sogni, non sono mai come tu le vorresti.
(Luigi Pirandello)

✳

Gli uomini non sospettano le colpe che essi stessi non commettono.
(Samuel Johnson)

✳

Un alleato deve essere sorvegliato proprio come un nemico.
(Lev Nikolaevic Tolstoj)

✳

Chi vuol muovere il mondo prima muova se stesso.
(Socrate)

✳

L'intelligenza è invisibile per l'uomo che non ne possiede.
(Arthur Schopenhauer)

✳

Tra la verità e la menzogna c'è la somiglianza che corre fra la persona e la sua ombra; ma, mentre la prima ha vita, la seconda non ne ha.
(Inayat Khan)

✳

Ama la verità, ma perdona l'errore.
(Voltaire)

✻

Il saggio muta consiglio, ma lo stolto resta della sua opinione.
(Francesco Petrarca)

✻

Il debole in coraggio è forte in astuzia.
(William Blake)

✻

Non assomigli più a nessuna da quando ti amo.
(Pablo Neruda)

✻

L'esperto è una persona che ha fatto in un campo molto ristretto tutti i possibili errori.
(Niels Bohr)

✻

Da ragazzo i miei continui e disinteressati slanci di altruismo mi diedero la fama di buono. Da grande quella di fesso.
(Massimo Troisi)

✻

Il coraggio muore una volta, il codardo cento volte al giorno.
(Giovanni Falcone)

✻

Voce di popolo, voce di Dio.
(Publio Virgilio Marone)

✻

Puoi amare solo quando sei felice dentro di te.
L'amore non può venir aggiunto dall'esterno.
Non è un indumento che puoi indossare.
(Osho)

✻

Un innamorato senza indiscrezione non è
affatto un innamorato.
(Thomas Hardy)

✻

Nulla è più pericoloso di un'idea, quando è
l'unica che abbiamo.
(August Alain)

✻

Le conseguenze della collera sono molto più
gravi delle sue cause.
(Marco Aurelio)

✻

Aldo Biscardi è uno che fa errori di
grammatica anche quando pensa.
(Beppe Grillo)

✳

Mi è capitato spesso di finire su un calendario.
Ma mai per una data precisa.
(Marilyn Monroe)

✳

Non è una cosa incomparabile che il saggio
regoli le proprie azioni anche quando non vi
sono testimoni?
(Tchung Yung)

✳

L'unico modo giusto di fare è essere.
(Lao Tzu)

✳

Imparare senza pensare è fatica perduta;
pensare senza imparare è pericoloso.
(Confucio)

✳

In amore non amare troppo è un mezzo sicuro
per essere amati.
(François de La Rochefoucauld)

✳

Tutti coloro che sono incapaci di imparare si
sono messi a insegnare.
(Oscar Wilde)

❋

Prima di amare, io non ho mai vissuto pienamente.
(Emily Dickinson)

❋

L'uomo è come il vino: non tutti invecchiando migliorano, alcuni inacidiscono.
(Eugenio Montale)

❋

L'eleganza non consiste nell'indossare un vestito nuovo.
(Coco Chanel)

❋

Non cercare le orme dei savi di un tempo; cerca ciò che essi cercavano.
(Lin-Chi)

❋

L'amore può durare una vita, come l'ergastolo.
(Fabio Fazio)

❋

Ma tra un giorno da leone e cento da pecora, non se ne potrebbe fare cinquanta da orsacchiotti?
(Massimo Troisi)

✽

Grembiule nero e fiocco azzurro: per un bambino milanista il primo giorno di scuola è un trauma.
(Diego Abatantuono)

✽

Rimandare è meglio che sbagliare.
(Thomas Jefferson)

✽

Era un uomo così antipatico, che dopo la sua morte i parenti chiesero il bis.
(Totò)

✽

Ognuno ha il suo prezzo. Io ho anche lo sconto.
(Altan)

✽

L'ignoranza è la notte della mente, ma una notte senza luna né stelle.
(Confucio)

✽

Le uova sono troppo dolci? Che le devo dire? Saranno uova di Pasqua!
(Totò)

❋

Se un uomo vuole essere certo della strada da percorrere, deve chiudere gli occhi e procedere al buio.
(Fen-Yang)

❋

Bevo soltanto per far sembrare gli altri più interessanti.
(George Jean Nathan)

❋

La grazia, è più bella che la bellezza.
(Jean de La Fontaine)

❋

Un viaggio di scoperta non è cercare nuove terre ma avere nuovi occhi.
(Andrea Pazienza)

❋

L'unica differenza tra me e un pazzo è che io non sono pazzo.
(Salvador Dalì)

❋

È difficile stabilire la linea che separa gli affari dal furto.
(Jean Luc Godard)

✳

In un mare calmo ogni uomo è pilota.
(John Ray)

✳

Un piacere senza rischi piace meno.
(Ovidio)

✳

Mi basta un solo bicchierino per ubriacarmi. Il problema è che non mi ricordo se è il trentesimo o il quarantesimo.
(George Burns)

✳

Se il tuo scopo è grande e i tuoi mezzi piccoli, agisci comunque; perché solo con l'azione essi possono crescere in te.
(Aurobindo)

✳

Tante volte ho dovuto smettere di parlare, per capire ciò che veramente pensavo.
(Walter Lippmann)

✳

Le urla sono le ragioni di coloro che hanno torto.
(Jean Jacques Rousseau)

✻

Resistere nel corso della vita come una roccia nel mare, imperturbabile e irremovibile di fronte alle onde incessanti.
(Inayat Khan)

✻

Il vero male è l'indifferenza.
(Madre Teresa di Calcutta)

✻

L'arte è o plagio o rivoluzione.
(Paul Gauguin)

✻

La speranza è un rischio da correre.
(George Bernanos)

✻

Tra le cose sicure, la più sicura è il dubbio.
(Bertolt Brecht)

✻

Quando la fortuna lusinga lo fa per tradire.
(Publilio Siro)

✻

Chi cerca conferme le trova sempre.
(Karl Raimund Popper)

✻

Quando gli uomini smettono di dire cose belle,
smettono anche di pensarle.
(Oscar Wilde)

✻

Le cose si ottengono quando non si desiderano
più.
(Cesare Pavese)

✻

Il potere non si prende, si raccatta.
(Charles De Gaulle)

✻

Chi vede il giusto e non lo fa, è senza coraggio.
(Confucio)

✻

La violenza è realmente espressione di un
interiore senso di debolezza. La violenza è
l'espressione della paura.
(Mahatma Gandhi)

✻

Non c'è uomo che non mangi e non beva;
pochi, però, sono quelli che apprezzano il
buon sapore.
(Chan Chung-Yung)

※

Il modo più veloce di finire una guerra è perderla.
(George Orwell)

※

L'approvazione degli altri è uno stimolante, del quale talvolta è bene diffidare.
(Paul Cézanne)

※

Ci si aspetta di tutto, ma non si è preparati a nulla.
(Madame Swetchine)

※

Ho cercato di impiccarmi. Ma non ce l'ho fatta... ogni volta mi sentivo soffocare.
(Zuzzurro e Gaspare)

※

Per una volta vorrei entrare nella tua testa per provare la sensazione del vuoto assoluto.
(Trettrè)

※

Amare non significa trovare la perfezione, ma perdonare terribili difetti.
(Rosamunde Pilcher)

❋

Chi cade nell'acqua è forza che si bagni.
(Giovanni Verga)

❋

Tutti i nodi vengono al pettine: quando c'è il pettine.
(Leonardo Sciascia)

❋

Dopo un grande dolore, arriva un sentimento formale.
(Emily Dickinson)

❋

Potete visitare tutta la Terra, ma non troverete in alcun luogo la vera religione. Essa non esiste che nel nostro cuore.
(Ramakrishna)

❋

Gli spiriti della verità e della libertà sono i pilastri della società.
(Henrik Ibsen)

❋

Gli uomini sono come i libri: hanno un inizio, una parte centrale e una fine...
(Pamela Anderson)

❋

L'uomo grande è uno che perde il suo cuore di bimbo.
(Meng-Tzu)

❋

Credete a chi cerca la verità, non credete a chi la trova.
(André Gide)

❋

Che strana creatura l'essere umano: brancola nel buio con espressione intelligente!
(Kodo Sawaki Roshi)

❋

Troppo cibo rovina lo stomaco, troppa saggezza l'esistenza.
(Alessandro Morandotti)

❋

La vera felicità è la pace con se stessi. E, per averla, non bisogna tradire la propria natura.
(Mario Monicelli)

❋

La legge è uguale per tutti. Basta essere raccomandati.
(Marcello Marchesi)

＊

Finché il me sopravvivrà in qualunque forma, sottile o grossolana, ci sarà sempre violenza.
(Krishnamurti)

＊

Tre persone possono tenere un segreto, se due di loro sono morte.
(Benjamin Franklin)

＊

Sono le circostanze a dominare l'uomo, non l'uomo le circostanze.
(Erodoto)

＊

Sfuggo ciò che m'insegue. Ciò che mi sfugge inseguo.
(Orazio)

＊

I fiori sulla tomba del nemico hanno un profumo inebriante.
(Stanislaw Jerzy Lec)

＊

La virtù è ancor più gradita se splende in un bel corpo.
(Virgilio)

❋

L'Italia va verso un clima tropicale. Così oltre alla Repubblica delle Banane avremo anche le banane.
(Sergio Staino)

❋

Tu vali molto più di quel che pensi. Il tuo lavoro e la tua presenza su questa terra sono importanti, anche se non ci credi...
(antilegge di Jante di Paulo Coelho)

❋

Il saggio è quadrato senz'angoli, angolo senza punta, dritto ma flessibile, splendente senza abbagliare.
(Lao Tse)

❋

La prima volta mi sono sposata per incoscienza, la seconda per amore, la terza per denaro, la quarta per abitudine.
(Barbra Streisand)

❋

I nonni nella famiglia sono i depositari e spesso i testimoni dei valori fondamentali della vita.
(Papa Benedetto XVI)

＊

Sono esploratori cattivi quelli che pensano che non ci sia terra se vedono solo mare.
(Francesco Bacone)

＊

Il comico è riso, l'umorismo sorriso.
(Carlo Dossi)

＊

In tanti mi chiedono come sarà il mio futuro: francamente non lo so, comunque spero tanto che ci sia.
(Roberto Saviano)

＊

La vecchiaia non è così male se considerate l'alternativa.
(Maurice Chevalier)

＊

Coloro che fuggono la tentazione di solito le lasciano il loro nuovo indirizzo.
(Lane Olinghouse)

＊

Sembra di esser meno disgraziati, quando non di è soli a soffrire.
(Voltaire)

＊

Mai ti è dato un desiderio senza che ti sia dato anche il potere di realizzarlo.
(Richard Bach)

＊

Vorrei vivere fino a 200 anni, ma con una bicicletta e una bella bionda in sella con me.
(Piero Angela)

＊

Al geloso basta il sospetto per essere felice.
(Barbara Alberti)

＊

Ciò che ci attendiamo non capita quasi mai. Generalmente capita ciò che meno ci aspettiamo.
(Benjamin Disraeli)

＊

La stupidità arriva quando non ti interessi più a quello che ti circonda.
(Diane Kruger)

＊

Faccio la tv per non essere costretto a guardarla.
(Piero Chiambretti)

✳

Siamo lieti che ci abbia scelti per vederla
crescere nei prossimi anni.
(Seal (cantante) per la nascita della figlia)

✳

L'uomo supera l'animale con la parola, ma col
silenzio supera se stesso.
(Paul Masson)

✳

Dire ad un parrucchiere "fai tu" è come fare
bungee jumping senza elastico.
(Luciana Littizzetto)

✳

Una potenza non consiste nel colpire forte o
spesso, ma nel colpire giusto.
(Honoré de Balzac)

✳

Il successo copre una miriade di errori.
(George Bernard Shaw)

✳

Noi siciliani ci siamo rimboccati le maniche e
abbiamo fatto Milano! Ma se siete venuti in
canottiera!
(Aldo, Giovanni e Giacomo)

❋

Il denaro non dà la felicità, figuriamoci la miseria.
(Woody Allen)

❋

L'uomo è l'unico animale che arrossisce, ma è l'unico ad averne bisogno.
(Mark Twain)

❋

Belle parole e una vistosa apparenza raramente sono associate alla vera virtù.
(Confucio)

❋

Chi non ama le donne, il vino e il canto è solo un matto non un santo!
(Arthur Schopenhauer)

❋

Le donne immorali t'irritano, le donne buone ti annoiano.
(Oscar Wilde)

❋

L'intelligenza artificiale si definisce come il contrario della stupidità naturale.
(Woody Allen)

❋

L'entità dell'errore è commisurata alla statura di chi lo commette.
(Alessandro Morandotti)

❋

Il cuore di un uomo superiore è calmo e sereno. Il cuore di un uomo comune è stizzoso e mai a suo agio.
(Confucio)

❋

Una stanza senza libri è come un corpo senz'anima.
(Cicerone)

❋

In mezzo può essere paragonato a un seme, il fine a un albero; tra mezzo e la fine vi è lo stesso inviolabile nesso che c'è tra seme e albero.
(Mahatma Gandhi)

❋

Se potessi non andrei mai a dormire. Quando riapro gli occhi, devo cominciare tutto da zero: mi ci vogliono due, tre ore per ricostruirmi completamente.
(Vasco Rossi)

✳

Non sprecare lacrime nuove per vecchi dolori.
(Euripide)

✳

Si ama solo ciò che non si possiede del tutto.
(Marcel Proust)

✳

Le donne tendono a distruggersi a vicenda: se sei attraente ti bollano come stupida o sgualdrina.
(Megan Fox)

Indice Biografico dei personaggi

A

Abate Ferdinando Galiani
(Chieti 1728 - Napoli 1787) Scrittore, economista e filosofo italiano e francese.

Achille Campanile
(Roma 1889 - Lariano 1977) Scrittore, giornalista e drammaturgo italiano.

Albert Camus
(Mondovi (Algeria) 1913 - Villeblevin (Francia) 1960) Giornalista, Scrittore.

Aldo, Giovanni & Giacomo
È il nome d'arte di un popolare trio comico di attori e registi teatrali, televisivi e cinematografici italiani. Il trio è formato da **Cataldo Baglio** (1958), **Giovanni Storti** (1957) e **Giacomo Poretti** (1956).

Alessandro Morandotti
(1958 – vivente), storico dell'arte italiano.

Alexandre Dumas padre
(1802 - 1870) Scrittore francese. Maestro del romanzo storico e del teatro romantico. Le sue tre opere letterarie più note, *La Regina Margot, I tre moschettieri* e *Il conte di Montecristo*.

Altan

vero nome **Francesco Tullio Altan**

(1942 - vivente) è un autore di fumetti, disegnatore, sceneggiatore e autore satirico italiano. Creatore della cagnolina *Pimpa*.

Anatole France

All'anagrafe **François-Anatole Thibault**; (Parigi, 16 aprile 1844 – Saint-Cyr-sur-Loire, 12 ottobre 1924) è stato uno scrittore francese,.

André Breton

(Tinchebray, 19 febbraio 1896 – Parigi, 28 settembre 1966) è stato uno scrittore, poeta e critico d'arte francese.

André Gide

(Parigi, 22 novembre 1869 – Parigi, 19 febbraio 1951) è stato uno scrittore francese.

Andrea Pazienza

(23 maggio 1956 - 17 giugno 1988) Fumettista italiano. Disegnava manifesti di cinema, teatro, scenografie, costumi e abiti per stilisti, cartoni animati, copertine di dischi, pubblicità.

Anton Cechov

(29 gennaio 1860 - 2 luglio 1902) scrittore e drammaturgo e medico russo.

Archimede
Detto anche **Archimede di Siracusa**
(Siracusa, circa 287 a.C. – Siracusa, 212 a.C.) è
stato un matematico, astronomo, fisico e
inventore greco antico. È uno dei massimi
scienziati della storia. Conosciuto a tutti per
due esclamazioni: "héureka!, ho trovato!" e
"datemi un punto d'appoggio e vi solleverò il
mondo".

Arthur Schopenhauer
(Danzica, 22 febbraio 1788 – Francoforte sul
Meno, 21 settembre 1860) è stato un filosofo
prussiano.

August Alain
vero nome **Émile-Auguste Chartier**
(Mortagne-au-Perche, 3 marzo 1868 – Le
Vésinet, 2 giugno 1951) è stato un filosofo,
giornalista, scrittore e professore francese.

Aurobindo
Vero nome **Sri Aurobindo**
(Calcutta, 15 agosto 1872 – Pondicherry, 5
dicembre 1950), è stato un filosofo e mistico
indiano. Poeta, scrittore e maestro di yoga.

B

Baltasar Gracián y Morales
(Belmonte de Gracián, 8 gennaio 1601 – Tarazona, 6 dicembre 1658) è stato un gesuita, scrittore e filosofo spagnolo.

Barbara Alberti
(Umbertide, 11 aprile 1943) è una scrittrice, giornalista e sceneggiatrice italiana.

Barbra Streisand
nome d'arte di **Barbara Joan Streisand**
(New York, 24 aprile 1942), è una cantante, attrice, compositrice e regista statunitense.

Benjamin Disraeli
Primo Conte di Beaconsfield (Londra, 21 dicembre 1804 – Londra, 19 aprile 1881), è stato un politico e scrittore britannico.

Benjamin Franklin
(Boston, 17 gennaio 1706 – Filadelfia, 17 aprile 1790) è stato uno scienziato e politico statunitense.

Beppe Grillo
vero nome **Giuseppe Piero Grillo**,
(Genova, 21 luglio 1948), è un comico, attore, attivista politico e blogger italiano.

Bertolt Brecht

(Augsburg (Baviera) 1898 - Berlino 1956)
Drammaturgo tedesco del Novecento.

C

Camillo Sbarbaro
(Santa Margherita Ligure, 12 gennaio 1888 –
Savona, 31 ottobre 1967) è stato un poeta e
scrittore italiano.

Carlo Dossi
(27 marzo 1849 - 19 novembre 1910) politico,
diplomatico, archeologo e scrittore italiano.

Cesare Beccaria,
(Milano, 15 marzo 1738 – Milano, 28 novembre
1794) fu un giurista, filosofo, economista,
letterato italiano, figura di spicco
dell'Illuminismo, legato agli ambienti
intellettuali milanesi.

Cesare Pavese
(9 settembre 1908 - 27 agosto 1950) scrittore
italiano.

Charles Baudelaire
(9 aprile 1821 - 31 agosto 1867) scrittore
francese

Charles Caleb Colton
(1780 – 1832), scrittore collezionista eccentrico
britannico.

Charles De Gaulle
vero nome **Charles André Joseph Marie de Gaulle** (Lilla, 22 novembre 1890 – Colombey-les-deux-Églises, 9 novembre 1970) è stato un generale e politico francese.

Charles Dickens
vero nome **Charles John Huffam Dickens** (Landport, 7 febbraio 1812 – Gadshill, 9 giugno 1870), è stato uno scrittore britannico. Noto per i suoi romanzi (*Oliver Twist, David Copperfield*).

Charles Spurgeon
vero nome **Charles Haddon Spurgeon** (Kelvedon, 1834 – 1892), è stato un predicatore battista riformato britannico.

Charlie Chan
è un personaggio di fantasia protagonista di una serie di sei romanzi dello scrittore *Earl Derr Biggers*. Il primo romanzo in cui appare è Charlie Chan e la casa senza chiavi del 1925.

Chuang Tzu
conosciuto come Maestro **Zhuangzi** (369 A.C. - 286 A.C.) E stato un filosofo e mistico cinese.

Cicerone
vero nome **Marco Tullio Cicerone**
(Arpinum, 3 gennaio 106 a.C. – Formiae, 7 dicembre 43 a.C.) fu un celebre filosofo, avvocato e scrittore romano.

Cindy Crawford
vero nome **Cynthia Ann Crawford**
(DeKalb, 20 febbraio 1966), è una supermodella e attrice statunitense.

Coco Chanel,
pseudonimo di **Gabrielle Bonheur Chanel** (Saumur, 19 agosto 1883 – Parigi, 10 gennaio 1971), è stata una celebre stilista francese.

Confucio
Kǒngzǐ o **Kǒng Fūzǐ** - Maestro **Kong**
(28 settembre 551 a.C. – 479 a.C.) è stato un filosofo cinese. I suoi insegnamenti hanno influenzato profondamente il pensiero e lo stile di vita cinese, coreano, giapponese e vietnamita.

Corrado Guzzanti
(Roma 17 maggio 1965 - vivente) imitatore, conduttore italiano

D

Dante Alighieri
(Firenze, tra il 22 maggio ed il 13 giugno 1265 – Ravenna, 14 settembre 1321) fu un poeta, scrittore e politico italiano.

Demostene
(Atene, 384 a.C. – Calauria, 322 a.C.) fu un politico e oratore greco antico, grande avversario di Filippo II di Macedonia e uno dei dieci grandi oratori attici.

Diane Kruger
pseudonimo di **Diane Heidkrüger** (Algermissen, 15 luglio 1976), è un'attrice tedesca.

Diego Abatantuono
(Milano, 20 maggio 1955) è un attore, comico, sceneggiatore, e conduttore televisivo italiano.

E

Edgar Allan Poe
(Boston, 19 gennaio 1809 – Baltimora, 7 ottobre 1849) fu uno scrittore e poeta statunitense.

Edmund Burice
noto come **Edmund Burke**, detto il Cicerone britannico (Dublino, 12 gennaio 1729 – Beaconsfield, 9 luglio 1797), è stato un politico, filosofo e scrittore britannico, di origine irlandese.

Emile Verhaeren
(21 maggio 1855 – 27 novembre 1916) è stato un poeta belga.

Emily Dickinson
vero nome **Emily Elizabeth Dickinson** (Amherst, 10 dicembre 1830 – Amherst, 15 maggio 1886) è stata una poetessa statunitense.

Enzo Ferrari
vero nome **Enzo Anselmo Ferrari** (Modena, 18 febbraio 1898 – Maranello, 14 agosto 1988) fu un pilota automobilistico e imprenditore italiano, fondatore della Casa automobilistica che porta il suo nome.

Eraclito
(Efeso ca. 520 - ca. 460 a.C.) Pensatore e filosofo greco, discendeva dai re di Efeso.

Ernest Bloch
(Ginevra, 24 luglio 1880 – Portland, 15 luglio 1959) è stato un compositore e violinista svizzero naturalizzato statunitense, noto per aver ripreso molti temi caratteristici della musica ebraica.

Ernest Hemingway
vero nome **Ernest Miller Hemingway**
(Oak Park, 21 luglio 1899 – Ketchum, 2 luglio 1961) è stato uno scrittore statunitense. Fu romanziere, autore di racconti brevi e giornalista.

Erodoto
(Alicarnasso, 484 a.C. – Thurii, 425 a.C.) è stato uno storico greco antico, famoso per aver descritto paesi e persone da lui conosciute in numerosi viaggi.

Eugenio Montale
(Genova, 12 ottobre 1896 – Milano, 12 settembre 1981) è stato un poeta, giornalista e critico musicale italiano, premio Nobel per la letteratura nel 1975.

Euripide

(Salamina, 23 settembre 480 a.C. – Pella, 406 a.C.) fu un drammaturgo greco antico. È considerato, insieme ad Eschilo e *Sofocle*, uno dei maggiori poeti tragici greci.

F

Fabio Fazio
(Savona, 30 novembre 1964) è un conduttore televisivo italiano.

Fedor Michajlovic Dostoevskij
(Mosca, 11 novembre 1821 – San Pietroburgo, 28 gennaio 1881), è stato uno scrittore e filosofo russo.

Fen-Yang
vero nome **Yang Shan Chao**
(947-1024) filosofo e maestro dell'arte *Zen*.

Francesco Bacone
Sir **Francis Bacon** (Londra, 22 gennaio 1561 – Londra, 9 aprile 1626), è stato un filosofo, politico e saggista inglese.

Francesco Petrarca
(Arezzo, 20 luglio 1304 – Arquà, 19 luglio 1374) è stato uno scrittore, poeta e umanista italiano.

François de La Rochefoucauld
(Parigi, 15 settembre 1613 – Parigi, 17 marzo 1680) è stato uno scrittore e filosofo francese.

Friedrich Wilhelm Nietzsche
(Röcken, 15 ottobre 1844 – Weimar, 25 agosto 1900) è stato un filosofo e scrittore tedesco.

G

Gabrielle Cirilli
(Sulmona (AQ) 12 giugno 1967) attore e comico italiano

Gene Gnocchi
pseudonimo di **Eugenio Ghiozzi**
(Fidenza, 1 marzo 1955), è un comico, conduttore televisivo e calciatore italiano.

George Bernard Shaw
(Dublino, 26 luglio 1856 – Ayot St Lawrence, 2 novembre 1950) è stato uno scrittore e drammaturgo irlandese.

George Burns
pseudonimo di **Nathan Birnbaum**
(New York, 20 gennaio 1896 – Los Angeles, 9 marzo 1996), è stato un comico e attore statunitense.

George Jean Nathan
(1882 – 1958), critico letterario ed editore statunitense.

Georg Christoph Lichtenberg
(Oberramstadt, Darmstadt, 1 luglio 1742 – Gottinga, 24 febbraio 1799) è stato un fisico, scrittore e anglofilo tedesco.

George Orwell
pseudonimo di **Eric Arthur Blair**
(Motihari, 25 giugno 1903 – Londra, 21 gennaio 1950), è stato uno scrittore e giornalista britannico.

Georges Bernanos
(Parigi, 20 febbraio 1888 – Neuilly-sur-Seine, 5 luglio 1948) è stato uno scrittore francese.

Giovanni Falcone
(Palermo, 18 maggio 1939 – Isola delle Femmine, 23 maggio 1992) è stato un magistrato italiano.

Giovanni Verga
vero nome **Giovanni Carmelo Verga**
(Catania, 2 settembre 1840 – Catania, 27 gennaio 1922) fu uno scrittore italiano, considerato il maggior esponente della corrente letteraria del *verismo*.

Giulio Andreotti
(Roma, 14 gennaio 1919 – Roma, 6 maggio 2013) è stato, scrittore e giornalista italiano. È stato uno dei principali esponenti della Democrazia Cristiana.

Gotthold Ephraim Lessing
(1729 - 1781). Scrittore tedesco. La sua opera più importante è il *Laocoonte*, capolavoro dell'estetica illuminista.

Groucho Marx
vero nome **Julius Henry Marks**
(1890 – 1977), attore e comico statunitense. Premio Oscar alla carriera (1974)

H

Heinrich Heine
vero nome **Christian Johann Heinrich Heine**
(Düsseldorf, 13 dicembre 1797 – Parigi, 17 febbraio 1856) è stato il maggior poeta tedesco del periodo di transizione tra il *romanticismo* e il *realismo*.

Helena Blavatsky
vero nome **Helena Petrovna Hahn**
(Ucraina 1831 – Londra 1891) è stata una filosofa ucraina, fondatrice della Società Teosofica.

Henrik Ibsen
(Skien, 20 marzo 1828 – Oslo, 23 maggio 1906) è stato uno scrittore e drammaturgo norvegese.

Henry David Thoreau
(Concord, 12 luglio 1817 – Concord, 6 maggio 1862), è stato un filosofo e scrittore statunitense.

Henry Ward Beecher
(Litchfield, 24 giugno 1813 – New York City, New York, 8 marzo 1887) è stato un politico statunitense.

Honoré de Balzac
(Tours, 20 maggio 1799 – Parigi, 18 agosto 1850) è stato uno scrittore francese, considerato fra i maggiori della sua epoca. Romanziere, critico, drammaturgo, giornalista e stampatore, è considerato il principale maestro del romanzo realista francese del XIX secolo.

Hugo von Hofmannsthal
(Vienna, 1 febbraio 1874 – Vienna, 15 luglio 1929) è stato uno scrittore, drammaturgo e librettista austriaco.

Humphrey Bogart
vero nome **Humphrey De Forest Bogart**
(New York, 25 dicembre 1899 – Hollywood, 14 gennaio 1957), è stato un attore statunitense attivo particolarmente fra gli anni trenta e cinquanta.

I

Immanuel Kant
(Königsberg, 22 aprile 1724 – Königsberg, 12 febbraio 1804) è stato un filosofo tedesco. Fu uno dei più importanti esponenti dell'illuminismo tedesco.

Inayat Khan
(Vadodara, 5 luglio 1882 – Nuova Delhi, 5 febbraio 1927) è stato un mistico indiano.

J

Jean de La Fontaine
(Château-Thierry, 8 luglio 1621 – Parigi, 13 aprile 1695) è stato uno scrittore e poeta francese, autore di celebri favole.

Jean Jacques Rousseau
(Ginevra, 28 giugno 1712 – Ermenonville, 2 luglio 1778) è stato uno scrittore, filosofo e musicista svizzero.

Jean Luc Godard
(Parigi, 3 dicembre 1930) è un regista e critico cinematografico francese.

Johann Sebastian Bach
(Eisenach, 31 marzo 1685 – Lipsia, 28 luglio 1750), è stato un compositore, organista, clavicembalista e maestro di coro tedesco del periodo barocco

Johann Wolfgang von Goethe
(Francoforte sul Meno, 28 agosto 1749 – Weimar, 22 marzo 1832) è stato uno scrittore, poeta e drammaturgo tedesco.

John Ray
(Black Notley, 29 novembre 1627 – Black Notley, 17 gennaio 1705) è stato un naturalista britannico.

John Updike
vero nome **John Hoyer Updike**
(Reading (Pennsylvania), 18 marzo 1932 – Beverly Farms, 27 gennaio 2009) è stato uno scrittore statunitense.

Joseph Joubert
vero nome **Joseph Antoine René Joubert**
(7 maggio 1754 in Montignac - 4 maggio 1824 in Villeneuve-sur-Yonne) era un filosofo e moralista francese e saggista.

Joseph Rudyard Kipling
(Bombay, 30 dicembre 1865 – Londra, 18 gennaio 1936) è stato uno scrittore e poeta britannico, nato in India e voce del colonialismo. La sua opera più nota è il racconto per ragazzi *Il libro della giungla (1894)*.

K

Karl Raimund Popper
(Vienna, 28 luglio 1902 – Londra, 17 settembre 1994) è stato un filosofo e epistemologo austriaco, naturalizzato britannico. È considerato uno dei più influenti filosofi del Novecento.

Khalil Gibran
(Bsharri, 6 gennaio 1883 – New York, 10 aprile 1931) fu un poeta, pittore e filosofo libanese.

Kodo Sawaki Roshi
(16 giugno 1880 – Antaiji, 21 dicembre 1965) è stato un monaco buddhista giapponese, della corrente del buddhismo zen. Considerato uno dei più importanti maestri Zen del XX secolo.

Krishnamurti
vero nome **Jiddu Krishnamurti**
(Madanapalle, 12 maggio 1895 – Ojai, 18 febbraio 1986) è stato un filosofo apolide. Di origine indiana, non volle appartenere a nessuna organizzazione, nazionalità o religione.

L

Lane Olinghouse
(Hardcover 1 gennaio 1976 - vivente) scrittrice americana.

Lao Tze
vero nome **Laozi** (... – VI secolo a.C.) translitterato anche nelle forme **Lao Tzu, Lao Tse, Lao Tze, Lao Tzi** e altre), è stato un filosofo cinese.

Leonardo da Vinci
vero nome **Leonardo di ser Piero da Vinci** (Vinci, 15 aprile 1452 – Amboise, 2 maggio 1519) è stato un artista, scienziato e pittore italiano. Uomo d'ingegno e talento universale del Rinascimento italiano.

Leonardo Sciascia
(Racalmuto, 8 gennaio 1921 – Palermo, 20 novembre 1989) è stato uno scrittore, saggista e politico italiano.

Lev Nikolaevič Tolstoj
(Jasnaja Poljana 28 agosto 1828 - Astopovo 7 novembre 1910), scrittore russo. Le sue più grandi opere sono: *Anna Karenina* e *Guerra e pace*.

Lin-Chi
(... - 867 A.C.) Maestro venerabile **Lin Chi Yi-Sen** fondò una delle scuole più influente di *Buddismo* dopo il sesto Patriarca *Hui Neng* in Cina.

Luc de Vauvenargues
vero nome **Luc de Clapiers,** marchese di Vauvenargues (Aix-en-Provence, 6 agosto 1715 – Parigi, 28 maggio 1747), è stato uno scrittore, saggista e moralista francese.

Luciana Littizzetto
(Torino, 29 ottobre 1964) è un'attrice, cabarettista e doppiatrice italiana.

Luigi Pirandello
(Agrigento, 28 giugno 1867 – Roma, 10 dicembre 1936) fu un drammaturgo, scrittore e poeta italiano, insignito del premio Nobel per la letteratura nel 1934.

M

Madame Swetchine
vero nome **Sophia Petrovna Soïmonov** o
Soymanof o anche **Anna Sophie Swetchine**
(1782-1857), prese il cognome del marito. Era
una scrittrice mistica russa, e famosa per il suo
salone a Parigi.

Madre Teresa di Calcutta
al secolo **Anjeza Gonxhe Bojaxhiu**
(Skopje, 26 agosto 1910 – Calcutta, 5 settembre
1997), è stata una religiosa albanese di fede
cattolica, fondatrice della congregazione
religiosa delle Missionarie della Carità. Ha
vinto il Premio Nobel per la Pace nel 1979.

Mahatma Gandhi
vero nome **Mohandas Karamchand Gandhi**
(Porbandar, 2 ottobre 1869 – Nuova Delhi, 30
gennaio 1948), è stato un politico e filosofo
indiano.

Marcel Proust
vero nome **Valentin Louis Georges Eugène
Marcel Proust** (Parigi, 10 luglio 1871 – Parigi,
18 novembre 1922) è stato uno scrittore
francese, ricordato maggiormente per la sua
imponente opera *Alla ricerca del tempo perduto*.

Marcello Marchesi
(Milano, 14 aprile 1912 – Cabras, 19 luglio 1978) è stato un comico, regista, sceneggiatore paroliere e cantautore italiano.

Marco Aurelio
vero nome **Cesare Marco Aurelio Antonino Augusto** (Roma, 26 aprile 121 – Vindobona, 17 marzo 180) è stato un imperatore, filosofo e scrittore romano.

Marilyn Monroe
nome d'arte di **Norma Jeane Baker**
(Los Angeles, 1 giugno 1926 – Los Angeles, 5 agosto 1962), è stata un'attrice statunitense.

Mario Monicelli
(Viareggio, 16 maggio 1915 – Roma, 29 novembre 2010) è stato un regista e sceneggiatore italiano.

Mark Twain
(1835 - 1910) Samuel Langhorne Clemens, noto con lo pseudonimo di Mark Twain. Giornalista scrittore americano, famoso soprattutto per due libri: (*Le avventure di Tom Sawyer, 1876, e Le avventure di Huckleberry Finn, 1884*)

Marziale

vero nome **Marco Valerio Marziale**
(Augusta Bilbilis, 1 marzo 40 – Augusta Bilbilis, 104) è stato un poeta romano, comunemente ritenuto il più importante epigrammista in lingua latina.

Massimo D'Azeglio

vero nome **Massimo Taparelli, marchese d'Azeglio** (Torino, 24 ottobre 1798 – 15 gennaio 1866), fu uno scrittore, pittore, patriota e politico italiano.

Massimo Troisi

(San Giorgio a Cremano, 19 febbraio 1953 – Roma, 4 giugno 1994) è stato un attore, regista e sceneggiatore italiano.

Maurice Chevalier

(Parigi, 12 settembre 1888 – Parigi, 1° gennaio 1972) è stato un attore e cantante francese.

Maurizio Milani

pseudonimo di **Carlo Barcellesi**
(Codogno, 1959) è un comico, scrittore e attore teatrale italiano.

Megan Fox

vero nome **Megan Denise Fox**
(Oak Ridge, 16 maggio 1986) è un'attrice e modella statunitense.

Meng-Tzu

letteralmente "Maestro Meng" detto anche **Mencio** (370 a.C. - 289 a.C.), fu un filosofo cinese, il più eminente aderente al confucianesimo.

Michel de Montaigne

vero nome **Michel Eyquem de Montaigne** (Bordeaux, 28 febbraio 1533 – Saint-Michel-de-Montaigne, 13 settembre 1592) fu un filosofo, scrittore e politico francese.

Miguel de Cervantes

(Alcalá de Henares, 29 settembre 1547 – Madrid, 23 aprile 1616) è stato uno scrittore spagnolo. È universalmente noto per essere l'autore del romanzo *Don Chisciotte della Mancia*.

N

Nagarjuna

Si ritiene che sia nato nel II secolo d.C., probabilmente nella regione di Andhra (India meridionale) da una famiglia di brahmani.
E stato un monaco buddhista indiano, filosofo e fondatore della scuola dei Madhyamika e patriarca delle scuole Mahyana.

Niels Bohr

vero nome **Niels Henrik David Bohr** (Copenaghen, 7 ottobre 1885 – Copenaghen, 18 novembre 1962) è stato un fisico e matematico danese.

O

Orazio
vero nome **Quinto Orazio Flacco**, in latino **Quintus Horatius Flaccus** (Venosa, 8 dicembre 65 a.C. – Roma, 27 novembre 8 a.C.), è stato un poeta romano.

Oscar Wilde
vero nome **Oscar Fingal O'Flaherty Wills Wilde** (Dublino, 16 ottobre 1854 – Parigi, 30 novembre 1900) fu uno scrittore, poeta e drammaturgo irlandese.

Osho Rajneesh
vero nome **Rajneesh Chandra Mohan Jain**, meglio conosciuto durante gli anni settanta come **Bhagwan Shree Rajneesh** e più tardi come **Osho** (Kuchwada, 11 dicembre 1931 – Pune, 19 gennaio 1990), è stato un filosofo e leader carismatico e maestro spirituale indiano.

Ovidio
vero nome **Publio Ovidio Nasone** (Sulmona, 20 marzo 43 a.C. – Tomi, 18), fu un celebre poeta romano tra i maggiori elegiaci.

P

Pablo Neruda
(Parral, 12 luglio 1904 – Santiago, 23 settembre 1973) è stato un poeta cileno. Viene considerato una delle più importanti figure della letteratura latino americana contemporanea.

Pamela Anderson
vero nome **Pamela Denise Anderson** (Ladysmith, 1° luglio 1967) è un'attrice canadese.

Paolo Mantegazza
(Monza, 31 ottobre 1831 – San Terenzo, 28 agosto 1910) è stato un fisiologo, antropologo, patriota e scrittore italiano.

Papa Benedetto XVI
vero nome **Joseph Alois Ratzinger** (Marktl am Inn, 16 aprile 1927) è papa emerito della Chiesa cattolica, il 265° papa della Chiesa cattolica ed il sovrano assoluto della Città del Vaticano

Paul Cézanne
(Aix-en-Provence, 19 gennaio 1839 – Aix-en-Provence, 22 ottobre 1906) è stato un pittore francese.

Paul Gauguin
vero nome **Eugène-Henri-Paul Gauguin**, (Parigi 7 giugno 1848 - maggio 8, 1903, Atuona Hiva Oa, Isole di Marquesas Polynesia francese), e stato uno dei principali pittori francesi del periodo Postimpressionista.

Paul Masson
(30 novembre 1874 – 30 novembre 1944) è stato un ciclista su strada francese.

Paulo Coelho
(1947 - vivente) Poeta e scrittore brasiliano.

Piero Angela
(Torino nel 1928 - vivente) giornalista e divulgatore scientifico.

Piero Chiambretti
(Aosta, 30 maggio 1956) è un conduttore televisivo e showman italiano.

Publilio Siro
visse nel I secolo a.C. a Roma, negli anni che videro la *Repubblica* diventare un *principato*. È stato uno scrittore e drammaturgo romano.

Publio Virgilio Marone

(Andes, 15 ottobre 70 a.C. – Brindisi, 21 settembre 19 a.C.), fu un poeta romano.

R

Ramakrishna

vero nome **Gadadhar Chattopadhyay**, conosciuto come **Sri Ramakrishna Paramahamsa** (Kamarpukur, 18 febbraio 1836 – Cossipore, 16 agosto 1886) è stato un mistico indiano. Ramakrishna è stato un importante mistico, nonché un guru, famoso per aver intrapreso i vari percorsi mistici delle principali religioni del mondo.

Re Salomone

(Gerusalemme, 1011 a.C. - 931 a.C.) è stato, secondo la Bibbia, uno tra i primi e più importanti re d'Israele.

Renè Descartes

latinizzato in **Renatus Cartesius** e italianizzato in **Cartesio** o, in passato, **Renato Delle Carte** (La Haye en Touraine, 31 marzo 1596 – Stoccolma, 11 febbraio 1650) è stato un filosofo e matematico francese.

Richard Bach

vero nome **Richard David Bach**

(Oak Park, 23 giugno 1936) è uno scrittore statunitense. Il suo libro più famoso è: *Il gabbiano Jonathan Livingston*.

Robert Orben
(4 marzo 1927 - vivente) scrittore di commedie americane.

Roberto Benigni
vero nome **Roberto Remigio Benigni** (Castiglion Fiorentino, 27 ottobre 1952) è un attore, comico, regista e sceneggiatore italiano.

Roberto Gervaso
(1937 - vivente) Giornalista e scrittore italiano.

Roberto Saviano
(1979 – vivente), scrittore e giornalista italiano.

Rosamunde Pilcher
vero nome **Rosamunde Scott** (Lelant, 22 settembre 1924), è una scrittrice inglese autrice di romanzi sentimentali ambientati nelle isole britanniche, da cui sono stati tratti, in Germania, numerosissimi film televisivi.

S

Sacha Guitry
All'anagrafe **Alexandre Georges-Pierre Guitry** (San Pietroburgo, 21 febbraio 1885 – Parigi, 24 luglio 1957), è stato un attore, regista e sceneggiatore francese.

Salvador Dalì
vero nome **Salvador Domingo Felipe Jacinto Dalí Domènech, marchese di Púbol** (Figueres, 11 maggio 1904 – Figueres, 23 gennaio 1989), è stato un pittore, scultore, scrittore, cineasta e designer spagnolo.

Samuel Johnson
noto anche come **Dottor Johnson** (1709 – 1784), poeta e scrittore britannico.

San Bernardo
(XII secolo – XII secolo) è stato un religioso inglese.

Seal
nome d'arte di **Seal Henry Olusegun Olumide Adeola Samuel** (Londra, 19 febbraio 1963), è un cantante e compositore britannico di origine nigeriana.

Sergio Staino

(Piancastagnaio, 8 giugno 1940) è un autore di fumetti e regista italiano.

Sesto Empirico

(c. 160 – c. 210) è stato un filosofo greco antico vissuto nel II secolo d.C. e uno dei maggiori esponenti dello Scetticismo.

Shunryu Suzuki

vero nome **Shogaku Shunryu**
(18 maggio 1904 - 4 dicembre 1971)
Maestro Zen, che portò il Buddismo e lo Zen negli Stati Uniti

Socrate

470 a.C. – 399 a.C.), filosofo greco.

Sophia Hawthorne

vero nome **Sophia Peabody**
(1809 - 1871) illustratrice trascendentalista.

Spike Milligan

vero nome **Terence Alan Patrick Seán Milligan** (16 aprile 1918 – 27 febbraio 2002) era un attore comico, scrittore, musicista, poeta, drammaturgo irlandese.

Stanislaw Jerzy Lec
(Leopoli, 6 marzo 1909 - Varsavia, 7 maggio 1966) è stato uno scrittore, poeta e aforista polacco.

Sun Tzu
(544 a.C. – 496 a.C.) è stato un generale e scrittore cinese. A lui si attribuisce uno dei più importanti trattati di strategia militare che nell'antichità siano mai stati scritti, *L'arte della guerra.*

T

Thomas Hardy

(Upper Bockhampton, 2 giugno 1840 – Dorchester, 11 gennaio 1928) è stato un poeta e scrittore britannico.

Thomas Jefferson

(Shadwell, 13 aprile 1743 – Charlottesville, 4 luglio 1826) è stato un politico, scienziato e architetto statunitense. È stato il terzo presidente degli Stati Uniti d'America ed è inoltre considerato uno dei padri fondatori della nazione.

Totò

nome d'arte di **Antonio Focas Flavio Angelo Ducas Comneno De Curtis di Bisanzio Gagliardi**, più noto come **Antonio De Curtis** (Napoli, 15 febbraio 1898 – Roma, 15 aprile 1967), è stato un attore, poeta e paroliere italiano.

Trettrè

attori comici e cabarettisti napoletani che raggiunsero una grande popolarità all'inizio degli anni ottanta con la partecipazione al programma televisivo *Drive In*. Il trio era formato da **Gino Cogliandro, Mirko Setaro** e **Edoardo Romano**.

Ts'ai Ken T'an
e il nome di un testo che tradotto letteralmente
significa *"trattato dell'origine vegetale"*, scritto
da **Caigentan** che era uno studioso della
Dinastia Ming. Questa compilazione di
aforismi combina ecletticamente elementi dai
tre insegnamenti (il Confucianesimo, Daoismo
e Buddismo).

V

Vasco Rossi
(Zocca, 7 febbraio 1952), è un cantautore
italiano.

Vincent Van Gogh
vero nome **Vincent Willem Van Gogh**
(Zundert, 30 marzo 1853 – Auvers-sur-Oise, 29
luglio 1890) è stato un pittore olandese.

Virgilio
vero nome **Publio Virgilio Marone**
(Andes, 15 ottobre 70 a.C. – Brindisi, 21
settembre 19 a.C.), fu un poeta romano.

Voltaire
vedi **François-Marie Arouet**

W

Walter Lippmann
(New York, 23 settembre 1889 – 14 dicembre 1974) è stato un giornalista statunitense. Vinse due premi *Pulitzer* (nel 1958 e nel 1962).

William Blake
(Londra, 28 novembre 1757 – Londra, 12 agosto 1827) è stato un poeta, incisore e pittore inglese.

William Shakespeare
(Stratford-upon-Avon, 26 aprile 1564 – Stratford-upon-Avon, 23 aprile 1616) è stato un drammaturgo e poeta inglese.

William Somerset Maugham
(Parigi 1874 - Cap Ferrat sulla Costa Azzurra 1965) scrittore, critico letterario.

Woody Allen
al secolo **Allan Stewart Königsberg**
(New York, 1° dicembre 1935), è un regista, sceneggiatore e attore statunitense, nonché comico, autore teatrale, scrittore umoristico e clarinettista jazz.

Y

Yun-Men o Yúnmén Wényan

(862 - 949 A.C.) era un maestro Zen cinese. Lui fondò una delle cinque scuole di maggiori di Chan (Zen cinese).

Z

Zhuangzi

(369 a.C. – 286 a.C.) è stato un filosofo e mistico cinese. Successivamente considerato tra i fondatori del Daoismo, per metonimia si indica con il suo nome anche il testo filosofico a lui attribuito.

Zuzzurro e Gaspare

nome d'arte di **Andrea Brambilla** (Varese, 21 agosto 1946 – Milano, 24 ottobre 2013) e **Nino Formicola** (Milano, 12 giugno 1953), sono due comici italiani.

Referenze bibliografiche

Frasi tratte:
da letture di libri, riviste,
sentite in tv, da siti internet.

Siti web:
www.aforismi.meglio.it
www.wikipedia.it
www.biografie.it
www.facebook.it
www.pensieriparole.it